Nicole Durand

ICI

ET

AILLEURS

Poèmes

ICI

MON RUISSEAU

Mon ruisseau coule à nouveau

Il est tout gonflé d'eau

C'est un jour si beau !

J'irai à la fête des lumières

Sans aucune barrière

Mais avec une prière

Mon Dieu, mon Roi

Tiendra compte de ma foi

Et il pourvoira.

LAGRAULAS

Les vertes collines

À cent soixante mètres dominent

Sur les vignes que l'on bine

Lagraulas

C'est mon Golgotha

Mon péché est devant moi

Mais il y a les enfants

Avec leurs rires et leurs chants

Dans ce Noël accueillant.

Aux hauts des Touyas, la chartreuse

Rend notre promenade heureuse

Et la marche devient joyeuse.

À LA GRIGNOTIÈRE

La famille est rassemblée

En ce jour de Nativité.

Salade gasconne, assiette du pécheur

Assiette de la mer réjouissent le cœur

Le chapon, préparé avec soin

Est cuit à point.

La bûche, chocolat ou café

Nous rassasie à satiété.

Quelques notes de musique

Accompagnent des poèmes magnifiques.

LA TEMPÊTE BRUNO

Dans le froid polaire

Notre balade est glaciaire

La tempête Bruno

N'a pas dit son dernier mot :

Les vents nous balaient

Nous ployons sous le faix

Mais la marche est vivifiante

Et nous rend confiantes.

SARAH

Sarah démarre en Indonésie

Un projet d'agroécologie

Pour aider les paysans à leur autonomie.

Elle va motiver

Les citoyens à réaliser

Des plans concrets :

Auprès de l'O.N.G. partenaire

Elle va participer au programme de la réforme agraire

Ainsi elle préservera la terre.

LA NOUVELLE ANNÉE

C'est la nouvelle année

Nous tournons autour des maisonnées

La tempête Carmen est annoncée.

Hier, nous avons eu deux bons repas :

À l'église, le dôme au chocolat

Le soir, le lapin de Fatima.

Le soleil encore nous éclaire

Nous formons des vœux pour la terre :

Que les gens se tournent vers le Père.

LA SOURIS

La souris est coquine

Elle mange le fromage et s'en va :

Son intelligence fine

Lui évite le trépas.

Elle hante la cuisine

Et ne nous lâche pas.

Telle une ballerine

Elle danse des entrechats.

NOS FRÈRES DE LA RUE

Les S.D.F. ont froid

Nos voitures ont chaud !

Pourquoi nous, Gersois

N'ouvririons-nous pas la porte aux clodos ?

Le froid s'accroît

Ils en ont plein le dos,

Les gens de la rue, ma foi

De ces froids abyssaux.

LE DÉFI D'ÉDOUARD

De Lectoure à Paris
En fauteuil roulant
Il va chercher un appui
Auprès du gouvernement.
Il n'a pas failli
Dans son engagement
Mais il s'est lancé ce défi
Pour trouver de l'investissement :
Le fauteuil roulant français bien fini
Connaîtra un développement.

LE CANARD

Canard commun ou colvert

Ce palmipède règne dans le Gers

On le rencontre dans les rivières

Sa présence nous est familière

Très en vue dans la basse-cour

Il nous régale au long des jours.

Lorsqu'il prend son envol

Il est comme une corolle.

LA PIE-GRIÈCHE

La pie-grièche, véritable sentinelle

De nos espaces ruraux

Avec son plumage blanc-rosé est belle.

Facilement repérable sur nos coteaux

Sa tête grise étincelle.

Elle va se nicher dans les arbrisseaux

À grands coups d'aile.

Il faut préserver cet oiseau

Qui, à plus de diversité, nous appelle.

JOSÉPHINE

Toute cassée sur son lit

Elle me parle de la Tunisie

Un courant d'amour s'établit.

Elle peut me parler toujours

De sa vie là-bas comme du velours

Où le clan se rassemblait pour

Célébrer l'amitié, le partage,

L'amour en héritage

Du livre de sa vie, elle tourne les pages.

LA CHASSE

Ils vont à la chasse

À la bécasse.

Mais elle ne se laisse pas prendre

Elle ne se laisse pas surprendre.

Les perdreaux sont à nouveau

Nombreux et en troupeau

Ils longent les prés

Pour se cacher

Seul le sanglier

Offre du beau gibier.

LA NUIT DES ANIMAUX

Ils chassent et séduisent la nuit

L'obscurité les protège pour la survie.

Ils viennent chaparder

Graines et vers fraîchement déterrés.

La laie et ses petits se mettent en route

Mais sont vite mis en déroute

Par le grand-duc qui voit comme en plein jour

Et repère ses proies toujours.

Les animaux optent pour la consommation

Mais s'adonnent aussi à la séduction.

Dans les herbes hautes aux airs étoilés

Les vers luisants se sont dévoilés

Les musaraignes boivent toutes les deux heures

Et trouvent la nourriture à 12 cm de profondeur

Dans le monde sauvage

La clef de la survie est l'apprentissage.

LA GALETTE DES ROIS

Les retraités sont rassemblés

Pour fêter les Rois.

La galette n'est pas mesurée

Et régale ma foi.

Sa frangipane est bien dosée

Et constitue un mets de choix.

Avant, nous avons dansé

Nous en donnant à cœur joie.

En ce début d'année

Les retraités sont dans la joie.

LES ARBRES A ABEILLES

Cinquante arbres fleurissent en hiver :

Pour les abeilles que l'on perd

Ce serait une aubaine

Leur recherche ne serait pas vaine.

Les tilleuls japonais et chinois

Seraient un menu de choix

Ainsi que le cornouiller qui s'épanouit

En février, le cyprès d'Italie

L'érable de Naples ou le mahonia

Qui fleurit de décembre à mars contrairement à l'acacia.

Ainsi, les abeilles pourront butiner

Les fleurs tout au long de l'année.

L'ESCARGOT

Au milieu du chemin

Monique voit un escargot

Sur lui, elle met la main

Pour le protéger du fléau.

Elle pourra, dès le matin

Chanter : « un escargot tout chaud

Qui, avec entrain

Sort ses cornes : c'est rigolo »

MARCHE NORDIQUE

Nous allons avec les bâtons

A l'hippodrome tourner en rond

Autour de la piste

Comme des artistes

La marche vive nous ragaillardit

Le soleil nous sourit

Après la balade, Palmyre fait l'oiseau

Et le ciel devient plus beau.

AQUAGYM

Les mouvements dans l'eau

Apaisent notre dos

Nous sommes un troupeau

À évoluer dans la piscine

Comme des ballerines

Après nous aurons bonne mine

La musique nous accompagne

Nous chantons avec nos compagnes

La joie nous gagne.

LES CHÊNES

Le lac étincelle

Au loin, les Pyrénées

La vue est belle

Dans ce coin reculé.

Il descend de la colline comme une hirondelle

Sur du velours, le blé.

Aux chênes, l'œuvre est spirituelle.

Avec Jérôme au piano, nous avons chanté.

ICI

Ici, la vie s'écoule paisiblement
Les saisons défilent lentement.
Il y a les animaux, les oiseaux
La nature, les ruisseaux.
Les collines sont douces
Des cultures abondantes poussent
Tournesols et colzas
Illuminent nos pas
Nous avons de la chance
D'habiter ce petit coin de France.

TÉMOIGNAGE

Enfant, j'aimais écouter mon oncle raconter Jésus sous forme d'histoires. La communion fut un moment de rencontre avec le Seigneur. Après, je rejetais tout. Plus tard, j'ai eu des déceptions au niveau études et sentimental : j'étais au fond du trou ; alors je criais : « Dieu, si tu existes, manifeste-toi ! » Je quittais la cité étudiante pour aller chez une logeuse chrétienne et là j'expérimentais une conversion : l'Amour infini de Dieu a coulé en moi, la source d'eau vive, l'Autre n'était plus l'étranger mais le frère et l'ami et l'aimé. Je voulais consacrer ma vie au Seigneur : je choisis la profession d'assistante sociale pour servir les Autres. Dans un groupe charismatique, je pus vivre la compassion : une personne se plaignait du rejet dont elle était l'objet car son mari avait fait de la prison et elle ne pouvait pardonner ; alors mon cœur s'est déployé, a souffert, a jeté un cri : cette communion dans la souffrance a permis à cette personne de pardonner.

Je rencontrais mon mari dans un groupe de prière. Stérile, je disais : « rien n'est impossible à Dieu » Et à quarante ans, je pus être mère.

Dans l'église évangélique les cultes, les études bibliques, la chorale, le partage autour du livre de Rick Warren « une vie motivée par l'essentiel » ont fortifié ma foi. Plus tard, une participation à une œuvre humanitaire en Afrique verra le jour.

Je résistais au baptême par immersion sous prétexte que j'avais reçu celui de l'esprit ; or le Maître avait été baptisé adulte ; de plus le baptême de ma fille a abattu ma résistance. Je voulais par cet acte témoigner de la mort avec le Christ et de sa résurrection. Le Seigneur avait pour moi des projets de bonheur et d'espérance.

Ce fut au château de Lary qu'eut lieu cet évènement, dans la piscine des enfants du camp de Tipi-Ardent : il a transformé ma vie ; mes mauvaises habitudes tombent peu à peu ; j'étais pessimiste, je deviens optimiste. Je suis en marche.

ET AILLEURS...

LES ABORIGÈNES

Les Aborigènes sont revenus sur la terre

De leurs ancêtres après bien des tourments

Pillés, massacrés violés, ils se terrent

On leur a même volé leurs enfants :

Pour beaucoup, c'est la galère ;

Ils s'enfoncent dans l'alcool : c'est accablant.

Mais d'autres surmontent la misère

Et reprennent leur vie avec allant.

LES ANIMAUX SAUVAGES

Le désert comme les villes

Abrite les animaux sauvages.

Pour les coléoptères, il est facile

De grimper sur la dune sans âge

Pour chercher l'eau, malgré la présence vile

Du caméléon qui leur fait outrage.

À New York, le faucon pèlerin, habile

Pique sur l'eau de Manhattan avec rage
Pour chercher sa proie malhabile.

À Rome, les étourneaux créent des dommages

Dans un ballet aérien agile.

Ratons laveurs, singes, hyènes écrivent une nouvelle page.

BALADE D'HIVER

Au pied de l'Estérel

On se sent près du ciel.

Surgit l'Ile d'or

Et sa tour carrée comme un décor.

Les pêcheurs pêchent des oursins

Et ouvrent la faim.

Ce petit coin de paradis

Des regards reste à l'abri.

LA CITE HANTÉE DE L'INDE

Bhangarah est abandonnée

Seuls les singes habitent la cité :

Le port aurait été maudit

Par un prêtre marri.

Son sortilège aurait détruit la ville

Des âmes errent serviles.

Des chasseurs de fantômes

Veulent rendre leur dignité à l'homme.

AU CŒUR DE L'ARAGON

Au cœur de l'Aragon, Belchité

Témoigne de la guerre

Entre Républicains et, de Franco, l'armée.

Mais sur cette terre

La guerre n'a pas tout effacé :

Des fresques colorent les murs qui espèrent

Ce village se révèle un rempart avéré

Contre l'oubli de cette misère.

NADELY

Nadély, éléphante orpheline
Joue avec les soigneurs, câline.
Elle doit être sauvée
Car sa population est décimée :
Le trafic de l'ivoire
N'est pas hélas accessoire
Les braconniers
Sont sans pitié
Le plus grand mammifère
N'existera plus bientôt sur terre.

LE PORC-ÉPIC

En Alaska, le porc-épic, rongeur bien dodu

Survit au froid polaire grâce à sa graisse.

Armé de piquants, il tue

Même des chiens même des loups, sans cesse.

Dans la ville d'Anchorage, il est vu

Cherchant la nourriture sans paresse :

Il va goûter l'épistole dans la rue.

Il grimpe aux arbres avec adresse

Dans la forêt boréale où il est attendu.

LE GROENLAND

Au Groenland

Les habitants

Sont résistants

Dans ces terres gelées

Règne un air de liberté

Dans la cité isolée

Au pied d'un piton rocheux

Un pêcheur courageux

Pêche les flétans nombreux.

On aperçoit les icebergs

Et l'ours polaire

Ce territoire nous est cher.

LA POLYNESIE

En Polynésie, les fleurs

Offertes en signe de bienvenue

Sont l'emblème douceur

D'un pays à la culture en vue.

La vigne est au cœur

De Rangiroa et inattendue.

Le lien avec la nature à toute heure

Témoigne pour leur terre d'un engagement absolu.

LES SAUTERELLES

On les mangeait rôties ou réduites en farine

C'est un nutriment riche en protéines

Isolées, elles sont affaiblies

Mais groupées, elles se fortifient.

Elles nous disent que l'immobilisme

Est un vrai cataclysme.

Mais elles nous invitent à plus de foi

Elles nous invitent à plus de joie.

« RÉSISTE »

« Danse pour les milliers de cœurs

Qui ont droit au bonheur

Danse pour tous ceux qui ont peur

Cherche ton bonheur, pars et va

Refuse ce monde égoïste

Résiste

Prouve que tu existes

Ce monde n'est pas le tien, viens

Bats-toi, signe et persiste

Résiste »

Je pleure France Gall

Qui gardait le moral

Malgré les tourments

Qui sur elle pleuvaient abondamment.

LA GUADELOUPE

En Guadeloupe

On goûte la soupe

À Congo avec l'igname

Comme un réveil de l'âme :

C'est la mémoire du patrimoine culinaire

Et vestimentaire

On est dans le partage

Le mélange, le métissage

Les conteurs racontent

Aux enfants des contes.

Dans l'île des Saints, les tourments d'amour

Régalent au long du jour

À Marie-Galante, les taureaux de compétition

Gardent jalousement la tradition.

La Guadeloupe, par la mangrove nursery palétuvienne

Signe la biodiversité qui est sienne.

LA GRANDE ODYSSÉE

Rémy est passé du fournil

Avec passion, au chenil.

Il préfère le silence

De la forêt intense.

Dans la blancheur des cimes

Il est en communion intime

Avec ses chiens de traîneau qui l'écoutent

Avec lesquels il a changé de route.

AU PRADET

Les oliviers sont dans la plaine
Le maraîcher est dans son domaine.
Il nous donne généreusement
De belles carottes de plein champ.
Le mimosa pointe son nez
Et illumine la haie.
Sur la terrasse ensoleillée
Les oiseaux ont babillé :
Le printemps nous tend les bras
Et nous remplit de joie.

LE SENTIER DES MINES

Le sentier des mines

Autour du Cap Garonne

Doucement chemine.

La vue sur la mer se donne

Les romarins ont bonne mine

Fleurissent et s'abandonnent.

Les Haldes, des collines

Habilement sélectionnent

Une végétation basse qui par la racine

Nourrit les arbres d'une nourriture bonne.

Ce chemin de la mine

Est un cadeau des autochtones.

LA ZONE HUMIDE

Dans la zone humide

Rivières et lacs ne sont pas vides.

Les gabians rasent l'eau

Les canards volent haut.

Le parc est aménagé

 Et la nature protégée.

 Elle nous offre ses trésors

Que l'on découvre encor et encor.

LA PLAGE DE LA GARONNE

À la plage de la Garonne

Au clapotis de l'eau, on s'abandonne.

La mer vient lécher les galets

Et les roule sans arrêt

La plage est déserte

La rêverie nous est offerte

Au retour, les mimosas

Nous saluent bien bas.

Au centre de la Bayette,

Hérons, oies, sont à la fête.

LA GARDE

La pluie colore de gris ce jour

Mais les ânes nous disent bonjour.

Nous allons par la plaine vers le château

Qui se hisse tout en haut.

Nous rencontrons une guide bénévole

Avec elle le passé s'envole.

Dans l'atelier du bois

Les objets sont en émoi.

Le quartier nous offre ses richesses

Et transpire une certaine tendresse.

À L'ANSE MAGAUD

Nous allons à pied

Par le sentier des douaniers

Bordée d'amandiers.

Il mène à l'anse Magaud

Où j'écoute l'eau

Cela me procure du repos.

Les pins se penchent sur la plage

Et offrent un beau paysage

Le temps n'a pas d'âge.

Les cabanons sont colorés

Et rendent le rivage orné

L'anse est protégée.

LE JOUEUR DE FOOT

Otis sur le terrain

Se démène avec entrain

À son équipe, il assure le point.

Son coup de pied gauche est remarquable

Il tire de façon admirable

Son attaque est redoutable.

Il se donne à fond

C'est lui qui donne le ton

Il a un véritable don.

TOSCANE DANS LE PARC NATIONAL
DE PORT-CROS

Toscane a pris le bateau

Pour aller au parc national de Port-Cros.

Elle a admiré les oiseaux

Buses, faisans, pies

Dans le fort, les chauves-souris

Crient à l'envi.

Elle a été sensible à la végétation

Sauvage et entretenue avec passion

Elle a appris aussi la réglementation.

S'achève le séjour

Il fut trop court :

Elle reviendra un jour.

AILLEURS

Ailleurs, le soleil brille fort

Sur la terre encor et encor.

Les personnes sont à découvrir

Et laissent la porte s'ouvrir.

Les animaux, les paysages

Nous aident à tourner une nouvelle page...

Tu t'éloignes de moi

Mais il te ramènera :

Il te tirera de cet ailleurs

Et cela fera mon bonheur.

Direction d'ouvrage :

« Dialoguer en poésie »
15 rue de Sardac 32700 Lectoure

http://pierre.leoutre.free.fr/dialoguerenpoesie

et avec le soutien de l'Association « Le 122 »
15 rue Jules de Sardac 32700 Lectoure

http://pierre.leoutre.free.fr

Éditeur :
Books on Demand GmbH,
12/14 rond-point des Champs Élysées,
75008 Paris, France

Impression :
Books on Demand GmbH, Norderstedt, Allemagne

ISBN : 9782322104109

Dépôt légal : février 2018

www.bod.fr